AF240429

COMITÉ DES NOTAIRES DES DÉPARTEMENTS

Institué en 1840.

29, RUE LE PELETIER, 29

PARIS

RÉFORME HYPOTHÉCAIRE

PROPOSITION DE LOI

---

24 OCTOBRE 1894.

PARIS

LIBRAIRIE COTILLON

F. PICHON, SUCCESSEUR, IMPRIMEUR-ÉDITEUR,

24, RUE SOUFFLOT, 24

—

1894

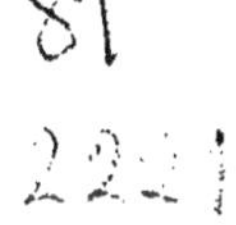

RÉFORME HYPOTHÉCAIRE

PROPOSITION DE LOI

§ 1er.

De la transcription et de ses effets.

Article premier. — Sont transcrits au bureau des hypothèques de la situation des biens :

1° Tous actes et conventions à titre gratuit ou à titre onéreux et tous jugements translatifs, déclaratifs ou constitutifs de droits réels immobiliers ou portant résolution, extinction, renonciation ou modification de ou à ces mêmes droits ;

2° Les baux excédant douze années, soit par leur terme originaire soit par l'effet d'un renouvellement ou prolongation consentie avant expiration ;

3° Les actes ou jugements portant libération ou cession de plus d'une année de loyers ou fermages non échus, quelle que soit la durée du bail ou de la location ;

4° La cession de biens volontaire ou judiciaire faite en conformité des art. 1265 à 1270 du Code civil ;

Et 5° les jugements déclaratifs de faillite et les jugements d'ouverture de liquidation judiciaire, lorsque l'actif comprend des droits réels immobiliers.

Art. 2. — La transcription s'opère par la représentation au conservateur des hypothèques d'une copie authentique du titre, s'il s'agit d'un acte public ou d'un jugement ; si l'acte est sous seings privés, il devra être reconnu devant notaire ou en justice. Le requérant y joint deux bordereaux dont l'un peut être porté sur la copie authentique. Ces bordereaux contiennent les indications suivantes :

1° Les nom, prénoms, la profession, le domicile ou la résidence des parties ; 2° La nature et la date du titre ; 3° Le nom de l'officier public qui a reçu l'acte, s'il est authentique ou l'indication du tribunal qui a rendu le jugement ; 4° La nature et la situation des droits transmis ou attribués ; 5° Le prix, les soultes et les charges évaluées ; et 6° les servitudes et stipulations restrictives.

Le conservateur transcrit sur son registre le contenu aux bordereaux et remet au requérant la copie authentique et l'un des bordereaux au pied duquel il certifie avoir fait la transcription.

Art. 3. — Sont aussi rendues publiques les mutations par décès de droits réels immobiliers.

La transcription s'opère par le dépôt à la conservation des hypothèques de deux extraits, en ce qui concerne les immeubles, des déclarations de successions, reçues par les receveurs de l'Enregistrement ; ces extraits sont certifiés par les receveurs.

Le conservateur transcrit sur son registre le contenu aux extraits et remet au requérant l'un des extraits au pied duquel il certifie avoir fait la transcription.

Les héritiers légaux représenteront, avec les extraits, un intitulé d'inventaire ou un acte de notoriété ; les successeurs irréguliers représenteront un extrait du jugement qui les aura envoyés en possession ; les légataires ou donataires à cause de mort, un extrait littéral tant de la disposition que du titre amiable ou judiciaire constatant, le cas échéant, la délivrance ou l'envoi en possession.

Art. 4. — Jusqu'à la transcription, les droits résultant des actes, jugements et mutations énoncés aux articles précédents ne peuvent être opposés aux tiers qui, de la même personne ont des droits sur l'immeuble et les ont conservés en se conformant aux lois.

Toutefois, en ce qui concerne les mutations par décès un délai de six mois à partir du décès est accordé aux héritiers, légataires ou autres bénéficiaires pour remplir cette formalité. Aucune aliénation ni constitution de droits réels ne pourra être faite par eux avant la transcription.

Les baux non transcrits ne peuvent être opposés aux tiers que pour le temps restant à courir soit de la première période de douze ans, soit de la seconde et ainsi de suite.

Le paiement et la cession d'une année de loyer ou fermage non échu ne peuvent leur être opposés, même pour moins d'un an, si l'acte ou jugement qui les constate n'a pas été transcrit.

Ne sont pas considérés comme tiers les ayants-cause à titre universel.

Art. 5. — Les notaires sont tenus de faire transcrire les actes passés devant eux.

Les avoués doivent faire transcrire les jugements passés en force de chose jugée et les arrêts rendus par les juridictions auprès desquelles ils exercent.

Les syndics et liquidateurs judiciaires sont chargés de faire transcrire les jugements déclaratifs de faillite et ceux d'ouverture de liquidation judiciaire.

Le tout dans le mois de la date des actes et jugements.

Si l'acte ou le jugement résoud, annule ou rescinde un acte transcrit, il en sera fait mention en marge de la transcription primitive, à la diligence du requérant.

Art. 6. — Le conservateur, lorsqu'il en est requis, délivre, sous sa responsabilité, l'état partiel ou général ou par simple tableau des transcriptions et mentions prescrites par les articles précédents et des inscriptions de privilège ou d'hypothèque.

Art. 7. — Nul n'est admis à requérir la transcription d'un droit ou l'inscription d'une créance si le droit de son auteur n'a pas déjà reçu ou s'il ne reçoit pas simultanément la publicité pour la transcription du titre de cet auteur.

Art. 8. — L'action résolutoire pour inexécution des conditions d'un contrat translatif ou déclaratif à titre gratuit ou onéreux des droits réels immobiliers ne peut être exercée au préjudice des tiers, si le droit de résolution n'a pas été réservé dans le bordereau prescrit par l'art. 2 ou rendu public par une inscription antérieure à celle de leurs droits.

La même règle doit être observée à l'égard du droit de révocation d'une disposition testamentaire pour cause d'inexécution des charges imposées à la libéralité, du droit de retrait établi par le second paragraphe de l'art. 1408 du Code civil, du droit de retour stipulé par un donateur dans les termes de l'art. 951 du Code civil, de la faculté de réméré et de toute autre cause de résolution établie par la volonté des parties.

Dans le cas où la résolution pour inexécution des conditions peut être opposée aux tiers, il est loisible à ces derniers d'en prévenir les effets en désintéressant le demandeur. Ce droit peut être exercé tant que la décision prononçant la résolution n'est pas passée en force de chose jugée.

Art. 9. — Les actions en nullité fondées sur les art. 446 et 447 du Code de commerce, sont sans effet à l'encontre des tiers qui ont acquis à titre onéreux des droits sur les immeubles aliénés par le débiteur et qui les ont conservés avant la mention faite en vertu de la demande en nullité, à moins qu'ils n'aient eu connaissance des vices du titre de leur auteur.

Les aliénations et constitutions de servitudes ou droits de jouissance, valablement consenties par le débiteur avant le jugement déclaratif de la faillite ou de la liquidation judiciaire, peuvent être utilement transcrites jusqu'à la transcription dudit jugement.

Art. 10. — Il n'est pas dérogé aux principes du Code civil

en ce qui touche la réduction pour cause d'atteinte à la réserve héréditaire et la nullité ou le redressement des partages d'ascendants pour les causes prévues par l'art. 1078 et par la deuxième disposition de l'art. 1079 du Code civil.

Néanmoins les actions ouvertes aux descendants omis ou qui ne sont pas remplis de leur part de réserve ne pourront être exercées, au préjudice des tiers qui ont acquis des droits sur les immeubles compris dans le partage, que discussion préalablement faite des biens de ces héritiers et en observant l'ordre des dates des aliénations, comme il est dit en l'art. 930 du Code civil pour l'action en réduction.

Art. 11. — Les actions en rescision et en nullité dirigées soit contre un acte, soit contre un contrat translatif ou déclaratif de droits réels immobiliers, à moins qu'elles ne résultent d'incapacité d'une des parties ou du défaut absolu d'acte notarié, lorsqu'il est exigé par la loi, sont sans effet à l'égard des tiers qui ont acquis à titre onéreux des droits sur l'immeuble dans l'ignorance des causes de rescision ou de nullité qui viciaient les titres de leurs auteurs.

Art. 12. — L'art. 860 du Code civil est ainsi modifié :
Hors le cas d'une réserve expresse insérée dans la donation et régulièrement publiée, le rapport n'a lieu qu'en moins prenant lorsque le donataire a aliéné l'immeuble ou l'a grevé de droits réels avant l'inscription des droits des cohéritiers.

Le rapport est dû de la valeur de l'immeuble au jour de la donation, si la stipulation du rapport en nature n'y a pas été faite. Il est dû de la valeur au jour du partage, si la stipulation reste inefficace par défaut d'inscription en temps utile.

Art. 13. — Toute demande tendant à faire prononcer la révocation, la résolution, la rescision ou la nullité d'un acte, doit, pour être reçue devant les tribunaux, avoir été mentionnée en marge de la transcription de cet acte.

Art. 14. — Lorsqu'un droit de résolution, une action en revendication, ou une action en nullité ou rescision préjudicie aux droits des créanciers privilégiés ou hypothécaires, les sommes que le propriétaire antérieur ou le revendiquant peut être tenu de rembourser, sont attribuées jusqu'à due concurrence à ces créanciers suivant leur rang.

Art. 15. — En aucun cas, les droits acquis par des tiers postérieurement à la mention de la demande mise en marge de la transcription, comme il est prescrit en l'article ci-dessus, ne peuvent être opposés à l'ancien propriétaire qui fait prononcer la résolution.

Art. 16. — Les tiers qui ont valablement acquis des droits sur un immeuble peuvent en requérir la transcription ou l'inscription nonobstant le décès du constituant, alors même que sa succession serait déclarée vacante ou acceptée sous bénéfice d'inventaire.

L'inscription prise après le décès, mais dans les quarante-cinq jours de la constitution du droit, ne peut être primée par aucune inscription du chef de l'héritier ou autre successeur.

Passé ce délai, elle ne peut avoir effet qu'à sa date, et, dans le cas de vacance ou d'acceptation bénéficiaire, elle est inopérante à l'égard des créanciers de la succession.

Art. 17. — Les art. 834 et 835 du Code de procédure civile et la loi du 23 mars 1855 sont abrogés.

Art. 18. — Sont dispensés du timbre les bordereaux, extraits et copies de déclarations à fournir aux bureaux des hypothèques.

Est supprimé le timbre des registres de la conservation des hypothèques.

Jusqu'à ce qu'une loi spéciale détermine les droits à percevoir, la transcription des actes ou jugements énoncés aux articles précédents, donnera lieu à un droit proportionnel de 0 fr. 25 pour 100 francs, sans augmentation de décime.

§ 2.

Des privilèges.

Article premier. — Les privilèges généraux sur les immeubles sont supprimés. Les art. 2104 et 2105 du Code civil sont abrogés.

Art. 2. — Les créances privilégiées sur les immeubles sont :
1º Les frais de justice faits pour la réalisation de l'immeuble et la distribution du prix ;
2º La créance du vendeur pour le prix et les autres charges résultant de l'acte de vente ; — celle des échangistes pour les soultes stipulées dans l'acte d'échange et les dommages-intérêts pouvant résulter d'une éviction ; — celle du donateur pour les charges ou prestations imposées au donataire dans l'acte de donation ;
3º La créance des copartageants, savoir : pour les soultes ou retour de lots, sur les immeubles compris dans le lot chargé de la soulte ; — pour le prix de la licitation, sur le bien licité ; — pour la garantie établie par l'art. 884 du Code civil, sur les immeubles compris dans le lot des garants.

Le privilège n'a lieu, dans les cas prévus aux nᵒˢ 2 et 3 ci-dessus, qu'autant que l'acte contient la stipulation d'une somme déterminée ou l'évaluation des charges ou indemnités d'éviction.
4° Celles des créances d'une succession et des légataires, dans les termes de l'art. 5 ci-dessous.

Art. 3. — Les art. 2106 et 2107 du Code civil sont remplacés par les suivants :
« Art. 2106. Entre les créanciers, les privilèges ne produisent d'effet sur les immeubles que s'ils ont été rendus publics par l'inscription et seulement à partir de la date de cette inscription.

« Art. 2107. Est seule exceptée de la formalité de l'inscription, la créance des frais de justice. »

Art. 4. — Les art. 2108 et 2109 du Code civil sont remplacés par le suivant :

« Le privilège du vendeur, du donateur, de l'échangiste et
du copartageant ne pourra s'exercer qu'autant qu'il aura été
conservé par une inscription encore subsistante.

« Le conservateur des hypothèques sera tenu de l'inscrire d'office au moment de la transcription du titre d'où
il résulte.

« L'action résolutoire du vendeur est liée au privilège. Elle
ne peut en aucun cas et à l'égard des tiers, survivre à l'extinction de celui-ci.

« L'action en folle enchère s'éteint en même temps que l'inscription de privilège.

« Le vendeur, le donateur, l'échangiste et le copartageant,
pourront par une clause formelle, renoncer à leurs privilèges
et dispenser des inscriptions. »

Art. 5. — Le privilège de séparation des patrimoines sur
les immeubles de la succession, se conserve par une inscription
prise dans les trois mois de l'ouverture de la succession, nonobstant toute transcription d'aliénation du chef de l'héritier et
sans qu'il soit besoin d'aucune demande en justice. Les légataires et créanciers du défunt ont préférence sur tous créanciers
personnels de l'héritier ; mais il n'est rien changé à leurs
droits respectifs.

L'inscription peut encore être prise après expiration du
délai de trois mois, tant que l'immeuble n'a pas fait l'objet
d'une aliénation transcrite ; mais, en ce cas, elle ne reçoit
effet qu'à sa date, comme simple inscription d'hypothèque
soit à l'égard des créanciers du défunt et de ses légataires,
soit à l'égard des créanciers personnels de l'héritier.

Elle est radiée sur le seul consentement de celui qui l'a
requise ou de ceux qui ont fait inscrire leurs droits en marge.

§ 3.

Des hypothèques légales.

Article premier. — Le créancier qui a une hypothèque soit légale, soit conventionnelle, doit la faire inscrire au bureau de la conservation des hypothèques de la situation des immeubles.

L'inscription ne peut avoir lieu que pour une somme fixe et sur des immeubles désignés.

A défaut d'inscription, l'hypothèque ne peut être opposée aux tiers qui ont des droits et les ont conservés en se conformant aux lois.

L'art. 2122 du Code civil est abrogé.

Art. 2. — L'art. 2134 du Code civil est ainsi modifié :

« Entre les créanciers l'hypothèque soit légale, soit conventionnelle, n'a de rang que du jour de l'inscription prise par le créancier sur les registres du conservateur, dans la forme et de la manière prescrites par la loi. »

L'art. 2135 du même Code est abrogé en tant qu'il dispense de l'inscription l'hypothèque légale des mineurs et interdits et celle des femmes mariées.

Art. 3. — Tout contrat de mariage déterminera la somme pour laquelle la femme aura hypothèque légale sur les immeubles de son mari, à raison de sa dot et de ses conventions matrimoniales.

Si le mari a des immeubles, le contrat spécifiera ceux desdits immeubles sur lesquels l'hypothèque devra frapper, les autres en seront affranchis. Il ne pourra pas être convenu qu'il ne sera pris aucune inscription sur les immeubles du mari, mais il pourra être sursis à cette inscription.

Si la désignation prescrite par le paragraphe deuxième du précédent article des immeubles sur lesquels l'hypothèque légale devra frapper a été omise, tous les immeubles du mari seront soumis à cette hypothèque légale.

Le notaire devra prévenir les parties que l'hypothèque légale n'aura d'effet que par l'inscription et les interpeller de déclarer si elles entendent l'inscrire immédiatement. En cas d'affirmative et si les immeubles ont été désignés, l'inscription sera prise à la diligence du notaire et ce dans le délai d'un mois.

Si le mariage ne s'accomplit pas, la mention sera rayée sur la représentation faite au conservateur soit d'un acte notarié par lequel les parties auront déclaré que, n'entendant pas passer à la célébration du mariage, elles résilient les conventions matrimoniales, soit d'un jugement rendu par le tribunal du domicile de la partie demanderesse en la chambre du conseil sur simple citation, sans aucune procédure et sans préliminaires de conciliation, soit de l'acte d'un autre mariage.

Art. 4. — Tout notaire qui recevra un acte portant vente d'immeubles appartenant à une femme mariée, obligation d'une femme conjointement avec son mari, acceptation d'une donation ou délivrance d'un legs d'effets mobiliers au profit d'une femme mariée, qui procédera à la liquidation d'une succession dans laquelle une femme mariée aura des droits et généralement qui passera un acte par suite duquel un mari se trouvera appelé à recevoir des valeurs mobilières appartenant à sa femme, sera tenu d'interpeller celle-ci de déclarer si elle entend inscrire son hypothèque légale à raison de l'acte qu'elle va souscrire, et en cas d'affirmative sur quels immeubles l'inscription devra être prise.

Si la femme déclare qu'elle entend prendre inscription, cette inscription sera prise à la diligence du notaire sur les immeubles désignés par la femme et ce dans le délai déterminé par l'art. 3 qui précède.

Art. 5. — Toute inscription qui pourrait devenir nécessaire pendant le mariage par suite soit de l'insuffisance des biens du mari, soit de l'ouverture de nouveaux droits au profit de la femme, sera prise par le mari ou par la femme elle-même, autorisée à cet effet par le président du tribunal, sur des immeubles toujours spécialement désignés et pour des sommes déterminées.

Les parents et alliés de la femme en ligne directe et en ligne collatérale au degré de frère, de sœur, d'oncle et de tante, pourront provoquer l'accomplissement de la formalité d'inscription avec l'autorisation ci-dessus prévue.

Art. 6. — Dans le cas où les femmes peuvent céder leur hypothèque légale ou y renoncer, cette cession ou cette renonciation doit être faite par acte authentique et les cessionnaires n'en sont saisis à l'égard des tiers que par l'inscription de cette hypothèque à leur profit ou par la mention de la subrogation en marge de l'inscription préexistante.

La renonciation par la femme à son hypothèque légale au profit de l'acquéreur d'immeubles grevés de cette hypothèque en emporte l'extinction à partir, soit de la transcription de l'acte d'aliénation si la renonciation y est contenue, soit de la mention faite en marge de la transcription de l'acte d'aliénation si la renonciation a été faite par acte distinct. Dans tous les cas cette renonciation n'est valable et ne produit les effets ci-dessus que si elle est contenue dans un acte authentique.

Art. 7. — L'hypothèque légale des mineurs et des interdits devra être prise à la diligence du tuteur, du subrogé-tuteur et du greffier de la justice de paix dans le mois de la délibération qui aura désigné ceux des immeubles du tuteur devant être soumis à l'hypothèque et qui aura fixé la somme pour laquelle l'inscription sera prise.

Si le tuteur s'ingère dans la gestion avant que la formalité d'inscription soit remplie, il pourra être destitué de la tutelle par le conseil de famille.

Le subrogé-tuteur est tenu, sous sa responsabilité personnelle, de veiller à ce que l'inscription soit valablement prise ou de la prendre lui-même.

Art. 8. — Le conseil de famille pourra déclarer qu'il sera sursis à l'inscription, par délibération motivée et prise à la majorité avec avis favorable du juge de paix.

Cette délibération pourra être frappée d'opposition dans la huitaine par tout membre du conseil de famille. Le tribunal statuera comme en matière urgente, le ministère public entendu.

Art. 9. — Si lors de la délibération dont il est parlé en l'art. 7, il est reconnu que le tuteur ne possède pas d'immeubles, ou si les immeubles sont insuffisants, le conseil de famille pourra convenir d'un cautionnement à fournir par le tuteur en valeurs agréées par le conseil, le subrogé-tuteur devra veiller à l'accomplissement de cette condition.

Il en sera de même si le tuteur préfère affranchir ses immeubles.

Art. 10. — Dans le cas où les garanties données aux mineurs ou aux interdits seraient devenues insuffisantes, le conseil de famille pourra exiger ou une augmentation du cautionnement ou l'extension de l'hypothèque à d'autres immeubles.

Art. 11.— Si, dans le cours du mariage où de la tutelle, il est reconnu que l'hypothèque légale de la femme, du mineur ou de l'interdit frappe plus de biens qu'il n'est nécessaire, la réduction de l'inscription pourra être demandée par le mari ou le tuteur, dans la forme prévue par les art. 2143 et suivants du Code civil.

Art. 12. — Les inscriptions prises au profit d'une femme mariée, d'un mineur ou d'un interdit, sont dispensées de renouvellement pendant la durée du mariage ou de la tutelle et pendant l'année suivante. Pour conserver leur effet au delà, elles devront être renouvelées dans le cours de l'année qui suivra la dissolution du mariage ou la cessation de la minorité ou de la tutelle.

§ 4.

Des hypothèques et de la purge.

Article premier. — Les biens à venir ne peuvent pas être hypothéqués (Art. 2129, Code civil).

Est abrogé l'art. 2130 du Code civil.

Art. 2. — L'inscription d'une hypothèque conventionnelle doit contenir la désignation détaillée de chacun des immeubles affectés.

Sera nulle à l'avenir, l'inscription prise sur la généralité des immeubles du débiteur, dans tel arrondissement, telle commune ou tel lieu déterminé sans désignation spéciale.

Art. 3. — Le créancier ayant privilège ou hypothèque pour un capital inscrit comme productif d'intérêts ou arrérages a droit d'être colloqué pour 10 0/0 au plus, y compris l'année courante, au même rang que son capital, sans préjudice des inscriptions particulières à prendre emportant hypothèque à compter de leur date, pour les intérêts ou arrérages non conservés par la première inscription.

Art. 4. — Lorsqu'un immeuble aura été assuré, soit contre l'incendie, soit contre tout autre fléau, la somme qui sera alors due par l'assureur en cas de sinistre devra, si elle n'est pas appliquée par celui-ci à la réparation de l'immeuble, être affectée au paiement des créances privilégiées ou hypothécaires, selon le rang de chacune d'elles. Il en sera de même de toute indemnité qui serait dûe par des tiers à raison de l'expropriation, perte ou détérioration de l'immeuble grevé.

Tous paiements faits de bonne foi avant toute opposition, seront valables.

Art. 5. — Les architectes, entrepreneurs, etc..., n'auront

aucun privilège en raison de l'édification des constructions d'immeubles, ils pourront prendre hypothèque sur les immeubles dans les conditions qui seront précisées ci-dessous.

Art. 6. — Les architectes, entrepreneurs, maçons et autres ouvriers employés pour édifier, reconstruire ou réparer des bâtiments ou autres ouvrages quelconques, pourront, même avant d'avoir commencé leurs travaux, stipuler et faire inscrire une hypothèque sur les immeubles à la charge d'en préciser l'assiette et de déterminer les sommes.

Cette hypothèque datera du moment de son inscription et elle ne pourra être opposée aux tiers antérieurs en date, que si ces derniers ont cédé leur antériorité. Dans tous les cas et sous quelque régime qu'elle soit mariée, la femme sera autorisée à céder son antériorité hypothécaire lorsqu'il s'agira de constructions ou de réparations ayant pour but de conserver ou d'améliorer les immeubles.

Il en sera de même à l'égard du tuteur et, dans ce cas, la cession d'antériorité aura lieu par une délibération du conseil de famille.

Art. 7. — L'hypothèque conventionnelle ne peut être établie que par acte authentique, en minute ou en brevet, ou par acte sous seing privé reconnu en justice ou devant notaire.

Les procurations à l'effet de constituer hypothèque doivent être données dans la même forme; toutefois lorsque les statuts rédigés dans la forme authentique, des sociétés civiles ou commerciales donneront à plusieurs administrateurs le droit de conférer hypothèque sur les immeubles de la société, avec l'autorisation du conseil d'administration ou de l'assemblée générale, les délibérations constatant ces autorisations pourront être prises dans la forme des actes sous seing privé.

Art. 8. — L'hypothèque consentie pour sûreté d'un crédit ouvert est valable, elle prend rang à la date de son inscription sans égard aux époques de l'exécution des engagements pris par le créditeur, laquelle pourra être établie par tous les moyens légaux.

Art. 9. — Les porteurs des effets créés ou négociés en vertu de l'ouverture du crédit, bénéficieront de l'hypothèque jusqu'à concurrence du solde final du compte.

Art. 10. — Le créditeur, malgré la négociation des effets, conserve à l'égard des tiers le droit de disposer de l'hypothèque et d'en donner mainlevée. Toutefois le porteur de ces effets peut, par une notification au conservateur des hypothèques et au créditeur, suspendre l'effet des actes de mainlevée ou autres qui porteraient atteinte à ses droits.

Cette notification doit contenir élection de domicile dans l'arrondissement.

Le conservateur la portera en marge de l'inscription et mention de cette formalité sera faite au bas de l'original de l'exploit.

L'opposition n'aura d'effet que pendant deux ans, si elle n'est renouvelée ; il pourra en être donné mainlevée par simple exploit.

Art. 11. — Tout créancier, dont la créance est exigible et dont le titre est exécutoire dans les termes des art. 2213 et 2215 du Code civil et 551 du Code de procédure civile, peut, quinze jours après la signification du commandement au débiteur, requérir aux bureaux des hypothèques l'inscription de ce commandement.

L'effet de cette inscription est limité aux immeubles spécialement désignés dans le commandement et situés dans le ressort des bureaux où elle est requise. Il subsiste pendant un délai de deux ans, à partir du commandement, nonobstant la péremption qui atteindrait ce dernier en vertu de l'art. 674 du Code de procédure civile. A partir de l'inscription, aucune hypothèque ne peut être inscrite au préjudice des créanciers sur les immeubles qui en sont frappés. L'inscription du commandement ne met point obstacle aux aliénations que pourrait consentir le débiteur, mais le créancier aura à l'égard de tout acquéreur inscrit postérieurement, le droit de surenchère. Ce droit ne peut pas être exercé si l'aliénation a eu lieu par adjudication publique soit en justice, soit devant notaire et que le créancier y ait été appelé.

En tous cas les aliénations et constitutions d'hypothèque deviennent définitives s'il y a mainlevée de toutes les inscriptions de commandement prises sur l'immeuble.

Le prix de l'immeuble, après l'acquittement des créances privilégiées et hypothécaires antérieurement inscrites, est distribué entre tous les créanciers par voie de contribution, sauf l'effet produit par une inscription d'hypothèque survenue postérieurement à l'inscription du commandement.

Art. 12. — La vente sur saisie immobilière purgera les immeubles de toutes les hypothèques, priviléges, droits de résolution ou de révocation, de retour et généralement de toutes les charges et de toutes les causes d'éviction qui peuvent les grever.

Art. 13. — Tout acquéreur sur aliénation volontaire pourra se soustraire à l'expropriation des immeubles hypothéqués, sous le nom des précédents propriétaires, en offrant aux créanciers inscrits de leur payer, aux époques convenues dans leurs contrats respectifs, le prix de son acquisition augmenté des intérêts.

Ces offres seront faites dans le mois au plus tard du commandement à fin de saisie immobilière qui lui aura été signifié.

Elles auront lieu par voie de lettre recommandée émanée du greffier du tribunal de la situation des biens.

Art. 14. — Si les créanciers déclarent au greffe dans le mois accepter les offres qui leur ont été faites, ils acceptent par là même le nouvel acquéreur pour débiteur et ils ne pourront le poursuivre qu'à concurrence du prix offert et sur l'immeuble hypothéqué.

Art. 15. — Les créanciers inscrits auxquels les offres ont été faites doivent, s'ils déclarent ne pas les accepter, former une surenchère du dixième sur les immeubles vendus.

Si l'acquéreur accepte pour lui cette surenchère, les immeubles ne seront remis en vente que si un ou plusieurs créanciers se soumettent à une nouvelle surenchère du dixième.

Les surenchères se feront par des déclarations au greffe huit jours au plus tard après le rejet des offres. Après la première surenchère du dixième, l'acquéreur aura un délai de huit jours pour fournir son acceptation ; s'il accepte, les créanciers auront un nouveau délai de huit jours pour former la seconde.

A l'expiration de ce délai les immeubles seront vendus aux enchères sur la mise à prix composée du prix principal augmenté d'un ou de deux dixièmes suivant le cas, dans la forme usitée pour la vente des biens de mineurs.

Art. 16. — Si dans le délai d'un mois à dater du jour des offres, les créanciers n'ont pas répondu par une déclaration au greffe, ils seront censés accepter le prix offert, et ils ne pourront poursuivre l'acquéreur que sur l'immeuble hypothéqué à concurrence de ce prix.

Art. 17. — L'acquéreur n'étant pas juge du rang ni de la validité des hypothèques ne pourra pas être tenu de payer un créancier hypothécaire sans le consentement des autres ; faute par eux de s'entendre, il déposera la somme offerte à la Caisse des dépôts et consignations et les créanciers provoqueront l'ouverture de l'ordre.

Art. 18. — Sur le vu d'un certificat du greffier constatant que les offres ont été acceptées ou qu'il n'y a pas été répondu, et sur la représentation du titre d'acquisition transcrit, de l'état hypothécaire et de la quittance de la Caisse des dépôts, le conservateur des hypothèques radiera les inscriptions sans attendre la clôture de l'ordre, y compris l'inscription d'office.

MM. Fabre, Jules Lefebvre, Deloison, Richardot, Braine et Desmazières, *rapporteurs*.